AF456575

STÉNOGRAPHIE
LUCRATIVE,

SUIVIE D'UNE

STÉNOGRAPHIE MUSICALE.

PAR

P. A. CHRISTOPHE.

Prix : 1 Franc.

NANCY,
CHEZ L'AUTEUR, FAUBOURG SAINT-PIERRE, 194.

1839.

STÉNOGRAPHIE LUCRATIVE,

PAR

P. A. CHRISTOPHE.

Chapitre premier.

AVANTAGES DE LA STÉNOGRAPHIE LUCRATIVE.

La Sténographie est une science qui a pour but d'écrire aussi vite que la parole.

Pour écrire aisément aussi vite que la parole, il ne faut pas mettre plus de temps à écrire une syllabe qu'on n'en met à la prononcer; or il ne faut qu'un temps pour prononcer une syllabe, il ne faudra donc qu'un temps pour l'écrire; car si l'on en met d'eux, il faudra, pour suivre la parole, que la vitesse de l'écriture soit le double de la vitesse de la parole.

Pour parvenir à suivre la parole, de manière que la vitesse de l'écriture soit égale à la vitesse de la parole, j'ai cherché le moyen d'écrire chaque syllabe en un temps; j'y suis parvenu pour presque toutes les syllabes. Et par ce moyen l'écriture suit aisément la parole. Ainsi soit proposé d'écrire le mot *parent* aussi vite que la parole : ce mot est composé de deux syllabes, il faut deux temps pour le prononcer; pour qu'il y ait vitesse égale entre l'écriture et la parole, il ne faut que deux temps pour l'écrire. Ma Sténographie satisfait à la condition : car pour écrire le mot *parent* il ne faut que deux signes (chacun de mes signes s'écrit ordinairement en un temps), l'un valant *pa*, l'autre *rent*. Il ne faut pas croire par là, qu'il me faille une infinité de signes pour rendre toute les syllabes; le signe *pa* n'est autre chose que le signe *p* gagnant *a*; et pour faire *rent*, je me sers de *r* gagnant *en*, et les deux signes réunis font *paren*. Il faut remarquer qu'en Sténographie, on ne cherche qu'à rendre, à peu près, le son de chaque syllabe, sans faire attention à l'ortographe.

Cette manière de faire plusieurs lettres en un temps est le gain Sténographique : ce sera l'objet du chapitre III.

Chap. II.

ALPHABET STÉNOGRAPHIQUE.

ARTICLE 1er.

Pour ma Sténographie, j'ai réduit l'alphabet à 15 lettres, 10 consonnes et 5 voyelles. Les 10 consonnes se divisent en 2 labiales, 2 gutturales, une dentale, une sifflante, et 4 liquides. Les labiales sont ***P*** et ***F***; les gutturales sont ***K*** et ***Ch.*** ou ***J***; la dentale est ***T***; la sifflante ***S***; les liquides sont ***L***, ***M***. ***N***, ***R***.

Les consonnes, excepté les liquides, sont fortes ou douces ; ainsi : le signe qui signifie ***P***, signifie aussi ***B***.

Les voyelles sont : ***A***, ***É***, ***I***, ***O***, ***U***.

Le signe Sténographique représentant ***É*** (non pas ***E*** muet, car il n'y en a pas en Sténographie) signifie aussi *oi* ; le signe ***I*** signifie aussi : ***Y***, *ui*, *oui*, et même les mots : *le*, *la*, *il lui* ; ***O*** signifie aussi *ou* ; ***U*** signifie aussi *eu*.

On voit, par cette alphabet, que cette Sténographie ne rend que les sons des syllabes, qu'elle ne fait même que d'en approcher ; cependant avec une légère différence.

ARTICLE 2me.

SIGNES REPRÉSENTANT L'ALPHABET STÉNOGRAPHIQUE.

Les signes de cette Sténographie se composent de 3 éléments: la ligne droite, la courbe et le point.

J'emploie, pour former les 10 consonnes, la manière suivante :

Je donne à la droite 3 modifications : la longueur, le crochet ou la boucle, et la largeur, ce qui me fait avec la droite simple 4 droites : la droite simple, la longue, la croche, et la large. Je fais la courbe de 2 manières, ce qui donne l'arc-à-droite et l'arc-à gauche. Les 4 autres consonnes sont : la longue croche, la large-croche, le zéro-long et le deux-point.

Voyez tableaux des signes, N° 1.

Les voyelles sont des diminutifs de consonnes ; ce sont ; le petit arc, le petit zéro-long, la petite barre et le point. *V.* N° 2.

Chap. III.

GAINS STÉNOGRAPHIQUES.

Le gain Sténographique est une valeur qu'acquiert un signe, et qui s'ajoute à la valeur primitive de ce signe.

Il y a, dans la Sténographie lucrative, deux sortes de gains : le gain de dimension et le gain de position.

ARTICLE 1er.

GAIN DE DIMENSION.

Le gain de dimension se divise en deux espèces : le gain conséquent ou d'analogie, et le gain antécédent ou du crochet.

I. GAIN D'ANALOGIE.

Le gain d'analogie est ce que gagne un signe, qui, sans changer tout-à-fait sa forme primitive, souffre quelque modification qui le rend semblable en quelque chose, a un autre signe dont il gagne la valeur.

1 *GAIN D'ANALOGIE POUR LES CONSONNES,*

Les modifications qu'on donne à certaines consonnes pour avoir le gain d'analogie, sont la longueur, la boucle et la largeur. Toutes les consonnes, excepté ***P***, ***F***, ***M***, ***N***, ont le gain d'analogie. ***T*** et ***S*** n'ont que le gain de longueur. ***L*** a 3 gains d'analogie : la longueur, la largeur, et la longueur-largeur. Les trois autres consonnes ont, par analogie, 7 gains qui sont : longueur, largeur, boucle, longueur-et-boucle, largeur-et-boucle, longueur-largeur, longeur-largeur-et-boucle. Les lettres qu'on gagne, par ces différentes modifications, sont indiquées dans les tableaux. *V*. N° 3.

I. GAIN D'ANALOGIE POUR LES VOYELLES.

Le point n'a que le gain de largeur ; les autres voyelles ont par analogie 3 gains : le gain de largeur, le gain de boucle, et le gain de largeur-et-boucle. *V*. N° 4.

II. GAIN ANTÉCÉDANT.

En grossissant la boucle d'une consonne bouclée, on gagne une voyelle quelconque, et ce gain se place avant la consonne; ainsi : si *F* a ce gain qui est d'une voyelle quelconque, *O*, par exemple ; cette *F* deviendra *of* et non pas *fo*. *V*. N° 5.

Remarque. Il serait difficile de donner ce gain **aux zéros**.

En retournant la boucle on a le gain antécédant *L* ; et, si, en la retournant, on la grossit encore, on gagnera une voyelle quelconque plus *L*. *V*. N° 6.

Remarque. On n'emploie ces deux dernier gains que pour commencer un mot,

ARTICLE 2me.

GAIN DE POSITION.

Le gain de position est ce que gagne un signe, qui, sans altérer sa forme, passe dans une position autre que sa position primitive.

Il y a 8 positions, c'est-à-dire 8 directions que suivent les signes. *V*. N° 7.

1. GAIN DE POSITION POUR LES CONSONNES,

R a pour position primitive la 7me ; *L*. a pour position primitive la 8me ; les autres consonnes ont pour position primitive la 1re.

Toute consonne, autre que *R* ou *L*, passant successivement dans les positions 2, 3, 4, 5, 6, 7, 8, gagnera successivement *a*, *é*, *i*, *o*, *u*, *r*, *l*.

L'une quelconque des deux liquides *R*, *L* passant successivement dans les mêmes positions, aura les mêmes gains, excepté, que, lorsqu'elle se trouvera dans la 1re, elle aura le gain *P*. *V*. N° 8.

Lorsqu'on fait changer de position une consonne multiple par analogie, le gain de position se place immédiatement, avant la dernière des consonnes que renferme la valeur de ce signe. *V*. N. 9.

2. GAIN DE POSITION POUR LES VOYELLES.

Le point n'a pas ce gain, parce qu'il ne peut pas marquer une direction.

Les autres voyelles, passant, successivement, de la première position, leur position primitive, dans les positions : 2, 3, 4, 5, 6, 7, 8, gagnent, successivement : *P*, *K*, *J*, *M* *N*, *R*, *L*.

Lorsque ces voyelles ont reçu le gain d'analogie, elles reprennent le gain de position des consonnes simples, autres que *L* ou *R*. *V*. N. 10.

Chap. IV.

ÉCRITURE DE LA STÉNOGRAPHIE LUCRATIVE ; LIAISON DES SIGNES ENTR'EUX.

Pour la Sténographie Lucrative, il faut avoir des feuilles, sur lesquelles, soient tracées des lignes, distantes, entr'elles, d'environ un pouce.

Le point de départ du premier signe d'un mot, se prend sur la ligne ; et on donne ensuite, au signe, la direction qu'il doit avoir. *V.* N. 11.

Le point de départ d'un signe, qui n'est pas le premier d'un mot, se prend sur la fin du signe qui le précède immédiatement, et on lui donne, ensuite, la position qu'il doit avoir. *V.* N. 12.

Remarque : Le point de départ d'un zéro se confond avec sa fin.

2me *Remarque* : Lorsqu'une bouclée n'est pas le premier signe d'un mot, on fait la boucle du côté qu'on veut.

3me *Remarque* : Il y a des cas, où les signes doivent s'écarter, un peu, de la position qu'ils doivent occuper.

1°. Lorsqu'un mot doit se composer d'un seul signe, non bouclé, et dans une position horizontale, ce signe doit prendre son point de départ un peu au-dessous de la ligne, et monter sans beaucoup s'écarter de la direction qu'il doit avoir. *V.* N. 13.

2°. Lorsqu'un mot doit commencer par le signe deux-points, placé horizontalement, les deux points de ce signe ne doivent pas être tous deux sur la ligne, de peur qu'on ne les confonde avec deux point qui ne feraient pas ensemble un seul signes.

3°. Lorsqu'une droite, (non bouclée), qui n'est pas le premier signe d'un mot, est de la même largeur qu'un autre droite, (bouclée ou non), qui la précède immédiatement, et dans la même position ; elle devra, un peu, s'en écarter, pour qu'on ne confonde pas ces deux signes, en un seul. Cela doit se faire, aussi, lorsqu'un signe retourne dans la position de celui qui le précède immédiatement ; en général, on doit le faire, pour que tous les signes qui composent un mot soient bien distincts. *V.* N. 14.

SUPLÉMENT AU CHAP. III.

Les signes, les gains, et la manière d'écrire ces signes et de les joindre ensemble, étant connus ; le lecteur a, déjà, assez de notions pour écrire ; cependant il me reste à faire quelques remarques, pour abréger encore plus ma Sténographie.

1°. Quand, entre deux mots, il y a un apostrophe, on peut regarder ces deux mots comme un seul.

2°. Les deux signes, *T, S,* peuvent gagner *M,* pour *N,* quand cette *N* est suivie, immédiatement, d'une voyelle.

3° Lorsque, entre une consonne et une des deux liquides *R L,* il se trouve une voyelle, ou une diphtongue ; on néglige cette voyelle, ou cette diphtongue, pour placer la consonne, dans la position de *R* ou de *L* : ainsi pour écrire *par*, on place de suite *P* en *R.* De même : si *R* ou *L* a, entre elle et *P* une voyelle, on la néglige, pour passer de suite en *P.* *V.* N. 15.

4 Une consonne multiple peut être considérée comme ayant ou non des voyelles intercallées, entre les consonnes qu'elle renferme, ainsi : si l'on veut écrire *temps*, on peut négliger *E* et placer le signe *tm* dans la première position ; mais lorsque le signe passe dans une position lucrative, autre qu'une des positions 7, 8; cette position détermine une voyelle immédiatement placée avant la dernière consonne de ce signe : ainsi, si on place le signe *tm* en *E,* ce signe deviendra *tem.* *V.* N. 16.

5 En général : Toute voyelle qui causerait du retard, dans le corps d'un mot, peut se négliger.

6 Le point peut être employé pour marquer différents cas singulier d'un nom : ainsi, placé devant ce nom, il en marquera le nominatif ; placé au dessus, le génitif, et au dessous le datif. *V.* N. 17.

7 Lorsqu'un mot commence ou finit par un point, il faut

que ce point soit assez près du mot, pour qu'on ne le confonde pas avec un point qui n'appartiendrait pas à ce mot.

8 Un même mot peut ordinairement s'écrire de différentes manières, et il faut en choisir la plus brève. V. N. 18.

9 Les silences plus ou moins grands, qui doivent exister entre les phrases, se marquent par des intervalles, plus ou moins longs, qu'on laisse entre ces phrases, en écrivant....

TAILLE DE LA PLUME.

Pour écrire, en cette Sténographie, la plume se taille comme à l'ordinaire, excepté qu'on en coupe le bec en dedans au lieu de le couper en dehors ; de cette manière, il sera facile d'élargir, et d'aller en tous sens, parce que la plume glissera sur la pente qu'on aura faite, en en coupant le bec, de la manière indiquée.

TABLEAUX DES SIGNES

DE LA

STÉNOGRAPHIE LUCRATIVE.

AVERTISSEMENT.

Dans l'alphabet sténographique, la valeur des signes est indiquée au dessus s'il y a au dessus d'un signe ; plusieurs valeurs et qu'elles soient séparées entre elles par des virgules, cela signifie que le signe vaut indifféremment l'une de ces valeurs ; mais s'il n'y a pas de virgules entre ces valeurs, cela signifie, que le signe au-dessus du quel elles sont doit les avoir toutes et dans l'ordre quelles sont écrites.

Le point placé devant la valeur signifie une voyelle quelconque.

ALPHABET STÉNOGRAPHIQUE.

N°1 Consonnes.

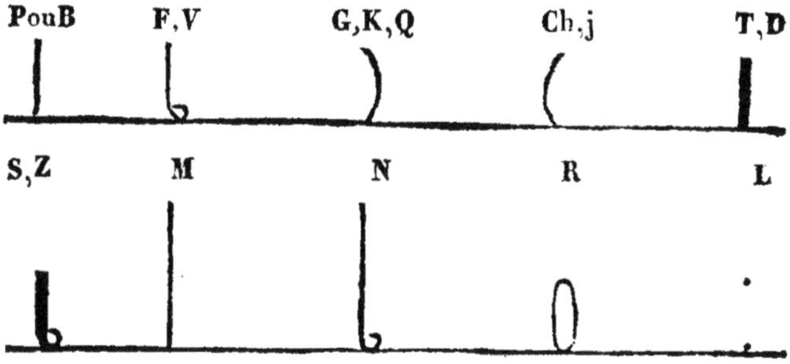

PouB F,V G,K,Q Ch,j T,D

S,Z M N R L

N° 2 Voyelles.

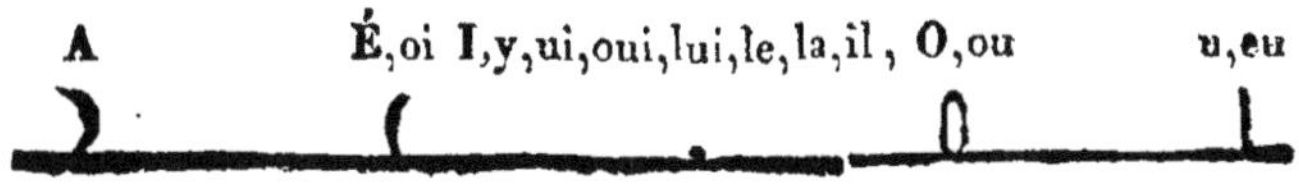

A É,oi I,y,ui,oui,lui,le,la,il , O,ou u,eu

GAINS STÉNOGRAPHIQUES.

GAINS DE DIMENSION.

GAIN D'ANALOGIE.

GAIN D'ANALOGIE POUR LES CONSONNES.

N° 3.

Tm Sm Lm Lt Lmt Km Kt Kv

Kn Ks, x Kmt Kms Jm Jt

Rm Rt Rv Rn Rs Rmt Rms

GAIN D'ANALOGIE POUR LES VOYELLES.

N° 4.

It At Av As Ét etc. Ut Uv Us Ot Ov Os

GAIN ANTÉCÉDANT.

N° 5.

.f .n .s .jv etc.

N° 6.

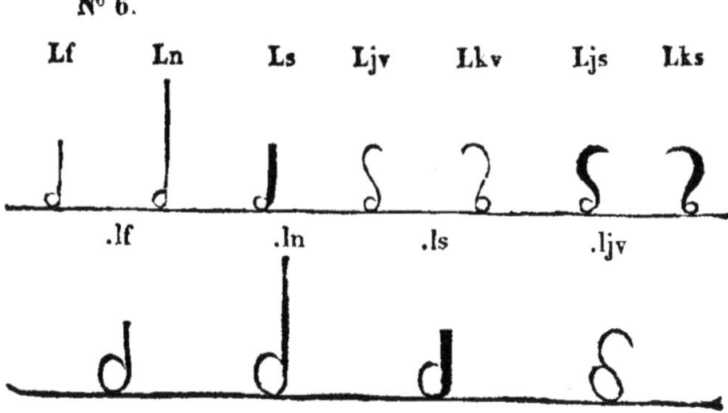

GAIN DE POSITION.

GAIN DE POSITION POUR LES CONSONNES.

N° 7.

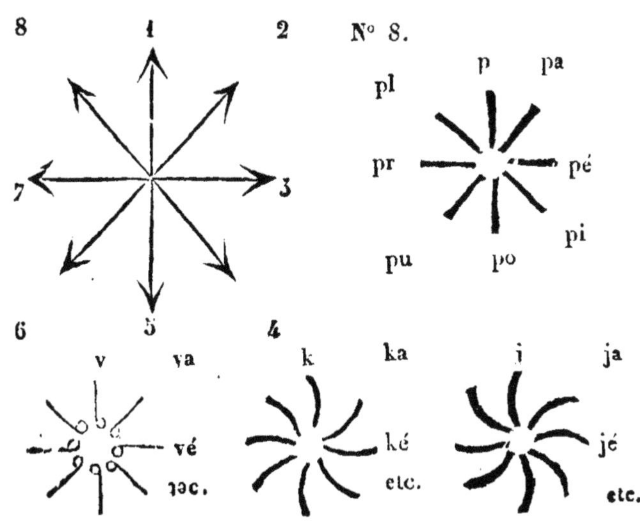

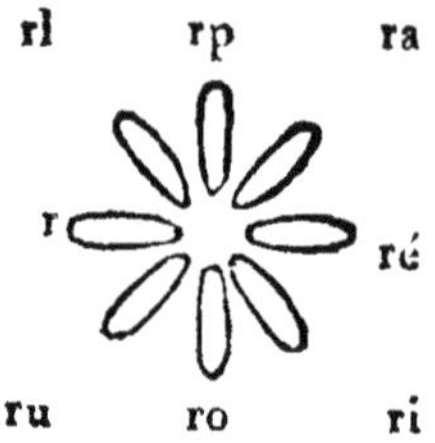

rl rp ra
r ré
ru ro ri

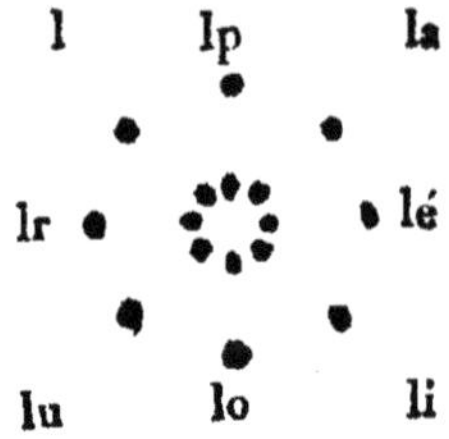

l lp la
lr lé
lu lo li

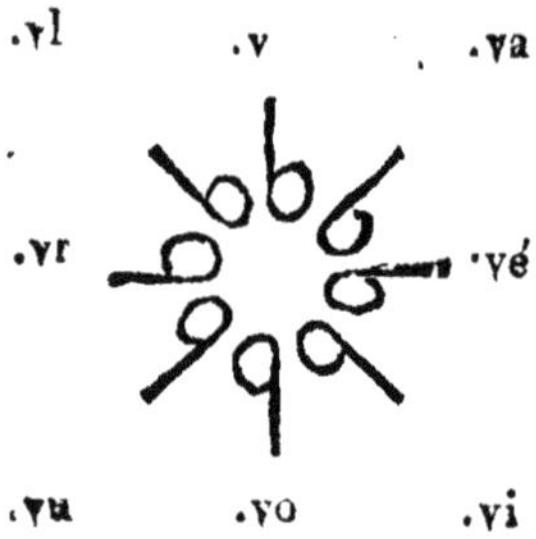

.vl .v .va
.vr .vé
.vu .vo .vi

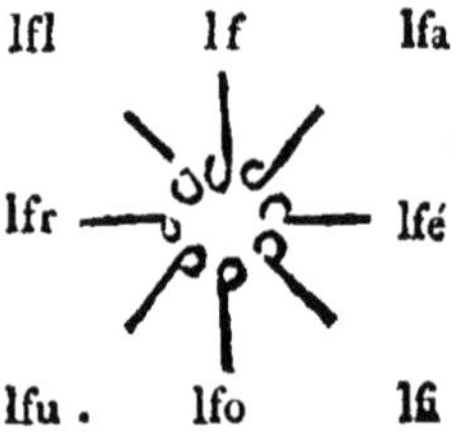

lfl lf lfa
lfr lfé
lfu . lfo lfi

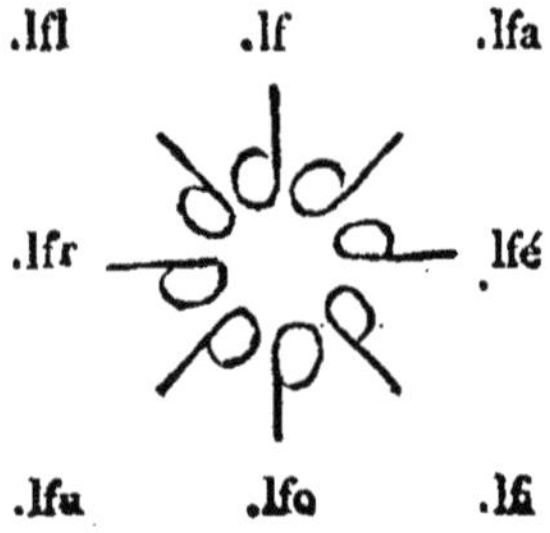

.lfl .lf .lfa
.lfr .lfé
.lfu .lfo .lfi

N° 9.

tlm
tm
tam
trm
tém
tum
tom
tim
rmlt
rmpt
rmat
rmt
rmét
rmut
rmot
rmit
lmt
lmpt
lmat
lmrt
lmét
lmut
lmot
lmit

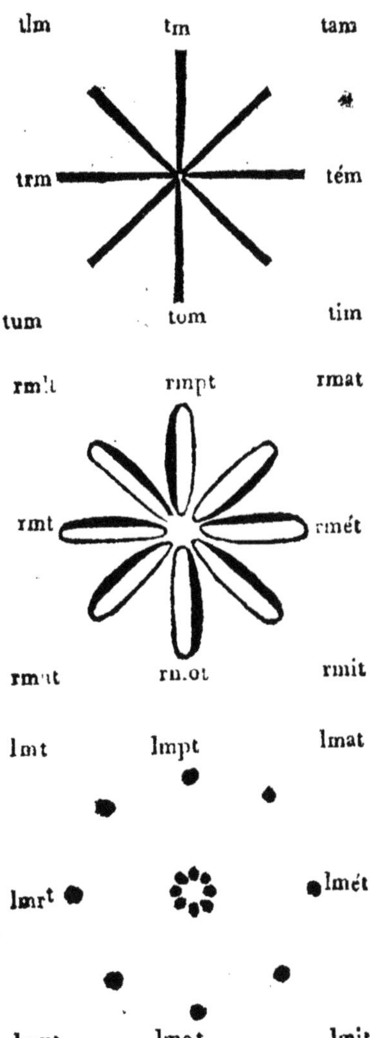

GAIN DE POSITION POUR LES VOYELLES.

N° 10.

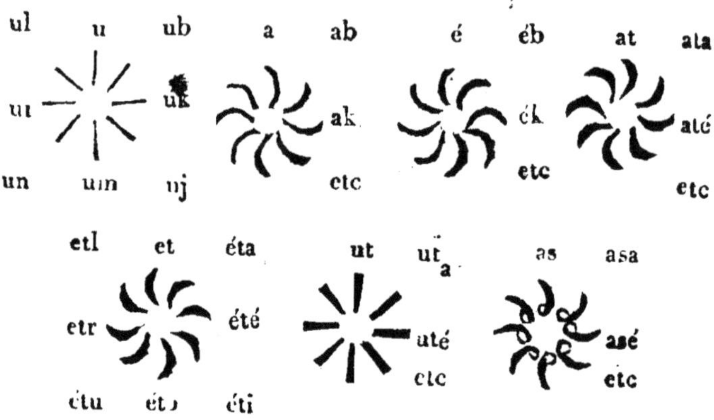

ul u ub a ab é éb at ata

ui uk ak ék até

un um uj etc etc etc

etl et éta ut ut a as asa

etr été uté asé

étu éto éti etc etc

N° 11.

p pa vé vr vl etc.

N° 12.

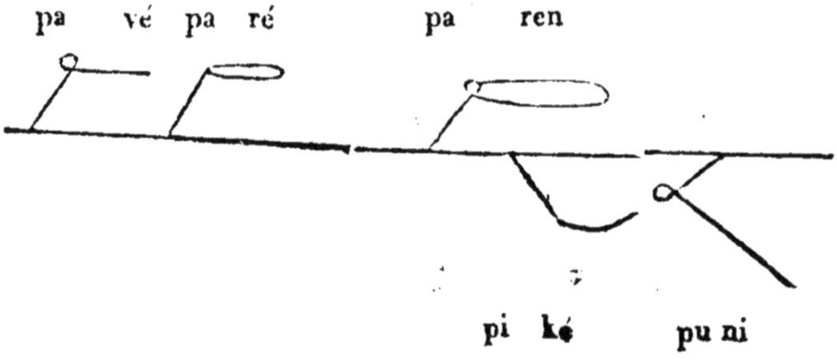

pa vé pa ré pa ren

pi ké pu ni

N° 13.

pé pr lé lr ré r kr jé jr ké

ur uk ar ék ér ak or ok

N° 14.

né mé cé té mé tre mai so n

N° 15.

par fill, foll, vill, voile etc loupe, lape etc

N° 16.

temps temps

N° 17.

le temps du temps au temps

N° 18.

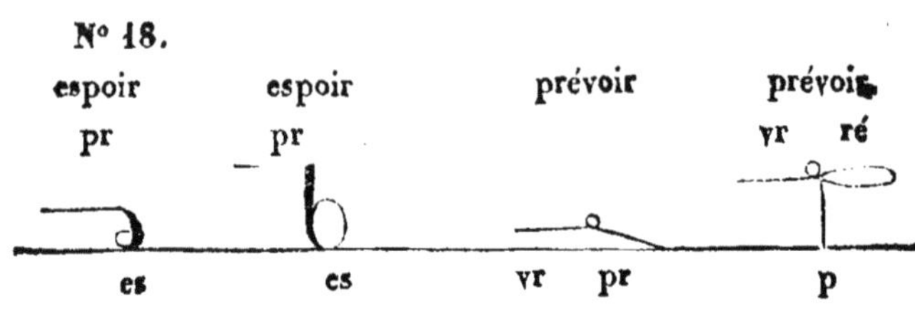

EXEMPLE D'ÉCRITURE.

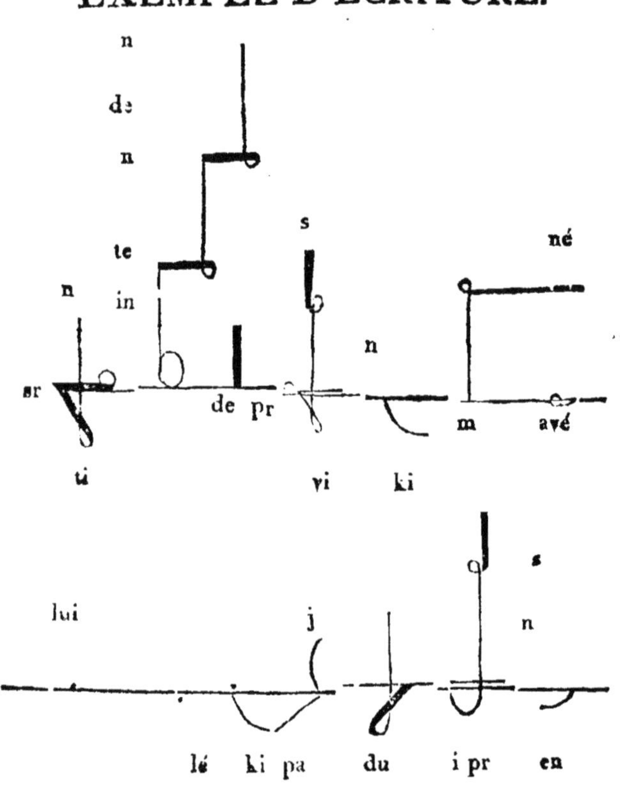

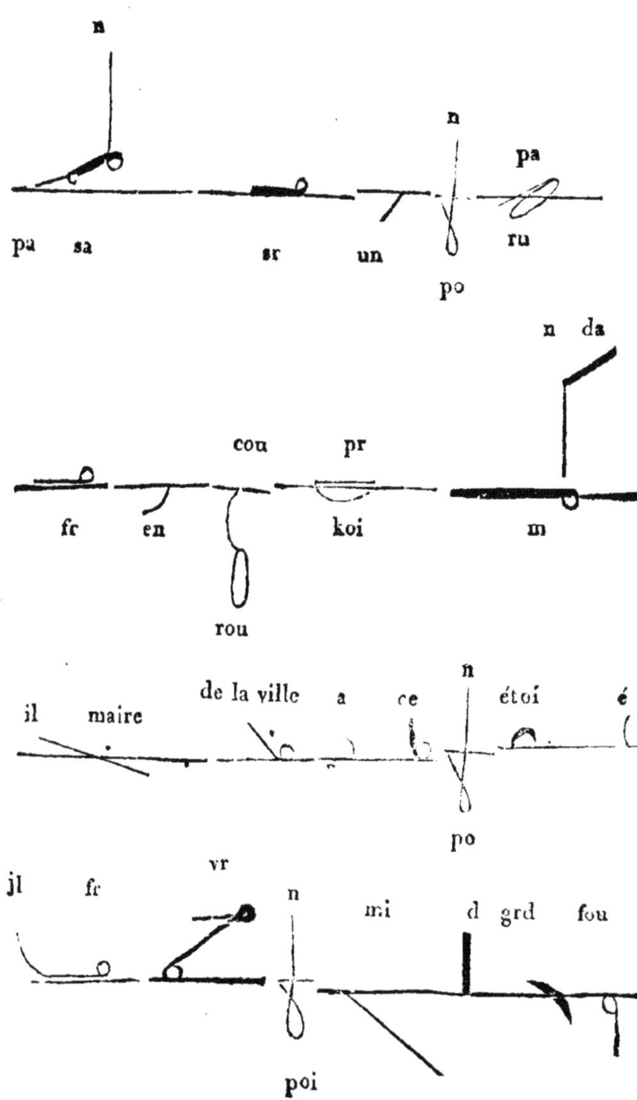
n
pa sa sr un n pa ru po
n da
cou pr
fr en koi m
rou
n
il maire de la ville a ce étoi é
po
vr
jl fr n mi d grd fou
poi

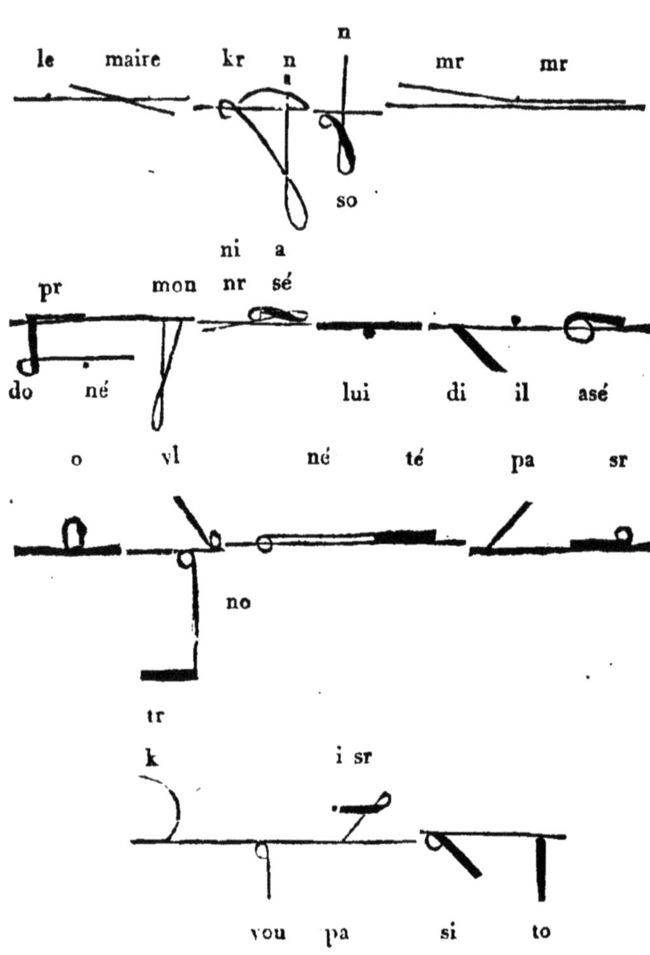

Certain intendant de province, Qui menait avec lui l'équipage d'un prince, En passant sur un pont parut fort encourroux. Pourquoi, demanda-t-il au maire de la ville, A ce pont étroit et fragile N'avoir point mis de garde-fou ?Le maire craignant son murmure, Pardonnez, monseigneur, lui dit-il assez haut, Notre ville n'était pas sûre que vous passeriez istôt.

STÉNOGRAPHIE MUSICALE
PAR
P. A. CHRISTOPHE.

La Sténographie musicale a pour but d'écrire la musique à mesure qu'on l'entend.

Pour faire usage de cette sténographie il faut avoir une grande habitudes de solfier.

Les sept notes de la gamme, dans ma Sténographie, occupent sept positions. Voyez la table N° 1.

Ainsi : prenons un signe quelconque, une barre, par exemple, et faisons la passer successivement dans les positions : 1, 2, 3, 4, 5, 6, 7; elle deviendra successivement, *do, ré, mi, fa, sol, la, si.*

Si on veut avoir des notes plus basse et plus hautes ; on prend deux autres signes ; ainsi : l'arc-à-gauche, pour le bas, et l'arc-à-droite pour le haut. *V.* N. 2.

Pour augmenter une note d'un demi ton, on l'élargie ; pour la diminuer d'un demi ton, on augmente d'un demi ton la précédente ; ainsi : pous *sol bémol*, on prend *fa d'èze.*

Remarque : Lorsqu'entre deux notes, la différence est d'un demi ton ; avoir la plus haute bémolisée, on prend la plus basse telle qu'elle est ; ainsi, pour *fa bémol,* on prend *mi.*

Les notes se font plus ou moins grandes, selon que le son en dure plus ou moins longtemps ; et les silences plus ou moins grands se marquent par des intervalles plus ou moins grands.

NANCY, IMPRIMERIE DE HINZELIN ET Cᵉ,
Place du Marché, 67.

TABLEAU DES SIGNES
DE LA
STÉNOGRAPHIE MUSICALE.

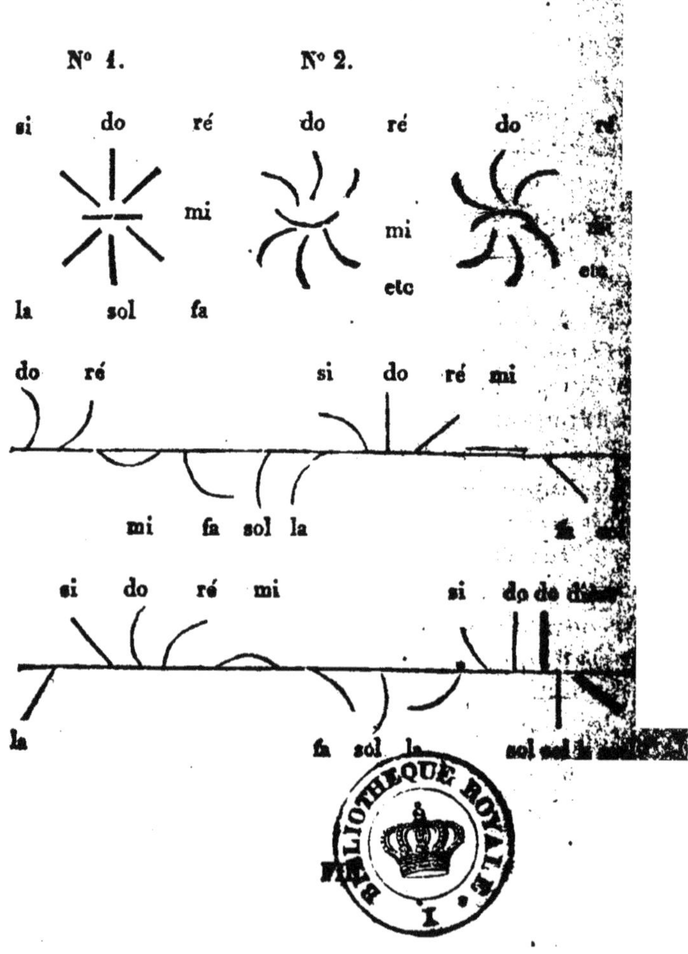

www.ingramcontent.com/pod-product-compliance
Ingram Content Group UK Ltd.
Pitfield, Milton Keynes, MK11 3LW, UK
UKHW022155260726
13993UKWH00005B/2390